シャルル・ド・モンテスキュー 著

Charles-Louis de Montesquieu

快に関する試論

Essai sur le goût

マテーシス 古典翻訳シリーズ V

高橋昌久 訳

風詠社

目次

凡例

一. 本書はシャルル・ド・モンテスキュー（1689-1755）の死後一七五七年に刊行された *Essai sur le goût*（快、或いは趣味に関する試論）を Charles-Louis de Montesquieu, *Essai sur le goût*, Editions Norph-Nop, Kindle Edition, 2011. を底本として翻訳したものである。なお、こちらの翻訳が本著作の本邦初翻訳だと考えられる。

二. 表紙の装丁は川端美幸氏による。

三. 読書の助けとするため、本書末尾に編集部が文末脚注を施した。

四. 小社の刊行物では、外国語からカタカナに置換する際、原則として現地の現代語の発音に沿って記載している。ただ、本書では訳者の方針から、古典ギリシアの文物は再建音で記載している（アガピ→アガペーなど）。

五.「訳者序文」の前の文言は、訳者が挿入したものである。

六. 本書は京緑社の Kindle 版第五版を底本とした。

Toutes les passions ne sont autre chose que les divers degrés de la chaleur et de la froideur du sang

La Rochefoucauld

あらゆる情念は血液の熱さや冷たさの度合いの違いからもたらされるに過ぎない

ラ・ロシュフコー

訳者序文

モンテスキューのこの作品を知ったきっかけは、フランスのストラスブールの本屋で見かけたことにある。ご存じの通り、モンテスキューは『法の精神』を書きさらに三権分立を導入した人物である。その人物が今作の薄い原典が本屋にあるのを見て、どんな作品だろうと思ったのである。

読めばわかるが、今作は美学、あるいは感情を論理的に取り扱ったものである。この類の作品としてはエドモンド・バーク『美と崇高の起源』、そして高名なイマヌエル・カントの『判断力批判』がある。特に本作は『美と崇高の起源』と似ている部分が多く、正直に言えば作品そのものの価値としては『美と崇高の起源』に軍配が上がると私は思っている。とはいえ、時系列としては本作が先に書かれているのであり、もしかすると何かしらの影響を本作が『美と崇高の起源』に与えたのかもしれない。

本作はとてもコンパクトにまとまっているので、読みやすいと言えば読みやすいものである。いわゆる「美学」の始祖はバウムガルテンであると言われるが、それと同時代だったモンテスキューによるこの作品は、美を分析しつつも感情を包括的に端的に取り扱っている。古典史上、本作は今後どう取り扱われていくのかはわからないが、本作ならではの価値を誰かが読み取ってくれたなら幸いである。

序

現実的な観点から見れば、我々の精神は三種の快を味わう。まず一つは精神それ自体の奥底から引っ張り出した快である。二つ目は肉体と精神が一緒になって味わう快である。最後の三つ目として、自分が属している領域において行われているある特定の制度、特定の慣習、特定の習慣の態様やそれらへの偏見によって形成される快である。

これらが、我々の精神が快の感性を形成する三つの快であり、美的趣味の感性とは例えば美、善、快適さ、素朴さ、柔和さ、優雅さ等であり、また私としては理解しかねるが高貴さ、偉大さ、荘厳さ、威厳さ等々もこれらに含まれていると言われている。例えば、我々が自分たちにとって役に立つような対象を見ることに快を覚えたなら、我々はそれを善だと考える。我々がそれを見て快を覚えはするが、目下のところ我々にとって有益だと考えない場合、我々はそれを美しいと呼称する。

美、善、快等々の源は我々自身の中にある。そしてその理由を探究するのは、つまり我々の精神における快の原因を探ることを意味する。

我々の精神を分析して精神のその作用と発する感情を観察し、快を抱く際にそれらを探していく。こうすれば快の原因を最も明らかにしていけるだろう。詩、絵画、彫刻、建築、音楽、舞踏、様々なタイプの遊戯、つまり自然にしろ人にしろ、それらによって作られた作品が精神に快を与えるのだ。そしていつ、どのようにして快が与えられるかが明らかになり、我々の感情作用の説明がつく。これらが我々に快を抱かせる働きを持つのであり、その快がその人に抱かせる喜びの尺度を繊細さと巧みさによって発見させること以外の何物でもない。

我々の精神の快

精神において、感覚から生じる快とは無関係な快を抱く場合、それは外部ではなく精神そのものの内部に起因する快である。つまり、こういった場合に抱くのは事物の偉大さや完璧さの観念やそれらへの好奇心である。その存在に対する観念、空虚さという感情とは対称をなすものであり、偉大さや完璧さの観念の全体像を把握するという喜び、あるいは無数の事柄を見渡すという快等々、つまり複数の観念を比較し、組み合わせ、そして分離すること。こういった快は人の感性とは独立して精神の本質に宿っているものである。そしてこの場合においては、我々の精神がこういった快の固有的本質を有するのに肉体も付随するかしないかについて探求するのはひどく場違いなことである。というのも、精神はそうした快の固有的本質を恒常的に有しているものであり、その喜びが快の対象だからである。また、我々はここで精神の本質に於いて感じる喜びと、喜びを感じるには肉体も必要とするような快を区別する必要もない。我々はこれら全てをひっくるめて先天的快と呼称し、精神が自然的快とある特定の関係を有することによって抱く後天的快とは区別する。同様に同じ理由によって、先天的な快と後天的な快を区別する。

快が尺度となるような快の源泉を知るのは有益なことだろう。先天的な快と後天的な快の知識を持つことは、我々の先天的な好みと後天的な好みを区別するのに役立つ。まず我々の状態をそのまま観察し、その状態のどれが快であるのかを識別することによって、快の状態を見積り、さらには時折実際に感じることができるようになる。

もし我々の肉体が精神と決して結合していないのなら、精神はそのことを知っていただろう、ということは明らかだ。だが精神は知っていることを愛するように思われ、そして我々は自らが知らないようなことを愛することはない。

我々の在り方は全くもって創造主の恣意性に依存しているものであり、我々は今の我々の状態と同じような状態になることもありうるし、あるいは別の状態になることもありうる。もし我々が今頃別の状態になっていたのならば、我々は物事を違った風に見るだろう。我々の体内において機械的な活動を行う器官が大なり小なり変われば、今現在とは違った議論の取り方をして、また詩作の際には違った詩を創作することになるだろう。体内の器官が同じでもそれがまた違った構造になっていたならば、やはりこれまた違った詩が創作されたことだろう。例えば、もし我々の器官がもっと長い間注意を払うだけの集中力を我々に与えてくれれば、注意力に応じた物事に対する態度の原則はすっかり変わってしまうことだろう。もし我々の理解力がより優れたものになったのなら、もともとの理解力に基づいて作られていたあらゆる原則は、一挙に崩れてしまうだろう。そして我々の体内の器官が有している全ての法則は、その器官が何らかの形で変わればそれらの法則もまた変化を被るだろう。

もし我々の視覚がより弱くなりはっきりと見えなくなったならば、建築した建物の装飾にはもっと統一感があるものを採用し、刳型の装飾の採用はもっと少なくなることだろう。逆にもし我々の視覚がもっと強くなり対象をはっきりと見ることができるのならば、我々の精神は視野に映るものをもっと一度に見渡して知覚することができ、建築物にはもっと多くの装飾が施されているだろう。もし我々の耳がある特定の動物と同じ程度の聴覚を有しているのならば、今ある楽器の形は違ったものとなっていただろう。現実の物事と我々の知覚能力には関連性があるのを私はよく承知しているが、我々の知覚能力が変われば、今現在我々に特定の効果を与えている物事もその効果を有さなくなる。そして芸術の完璧さがそれを通じて物事を我々に照らして可能な限り快を与えてくれることも、我々の知覚能力が変わればその芸術においても異なった態様を有するようになる。というのも芸術は我々に対して快を与えるように最も適切な方法で仕立てられているからである。

人は快を味わうための我々の快を異なった様々な源泉を知ることでまず満足し、そしてこの点に関して哲学書が述べていることを読むと、自分は快に関して精通したと思い、芸術作品に関して厚かましくも評することができると考えるものだ。だが先天的な快というのは決して理論体系で知ることができるようなものではない。それは巧妙で卓越した規則の適用なのであり知りようがないのだ。快とは思いがけずに美を感じるというような代物である。それは不意に我々を捉える必要があるものであり、実際にそれが我々を不意に捉えるような性質を有している必要があるものであり、それ以上でもそれ以下でもない。

同様に私がここで言及できること、そして我々の快を形成するのに必要な説明は全て後天的な快に関してだけであり、もっというなら後天的な快に関して直接的にしか言及できない（先天的な快に関しては間接的に言及できはするが）。なぜならば後天的な快は先天的なそれを変えたり、増加させたり、減らすことができるからであり逆もまた然りである。

快の最も普遍的な定義付けを、その良し悪しや正確さを度外視して行うならば、それは我々がある事柄に感性に基づいて心を向ける場合であり、それは知性的な面に適用することができず、その対象を知ることは精神にそれだけの快をもたらすものであり、幸福に関して哲学者が唯一理解できるものである。精神はこの観念とこの感性によって把握する。というのも、我々が感性というものに否定的な考えを抱いたとしても、もし我々が何かを見ればそれを我々は感じるからである。そしてある事物を見ない、あるいは見ないと信じてその結果何も感じないというようなことはありえないのである。

一般的な意味でのエスプリ[1]

エスプリとはその下に複数の要素がある特定のカテゴリーである。つまり、知性、常識、分別、正確さ、才分そして快を指す。

エスプリはそれが扱う対象に対してうまく調和して発揮された時に成り立つ。その発揮のされ方が極めて特有なものであるのならば、それは才分と称される。その発揮が世の人に対してある種の洗練された快と関係しているのならば、それは快と称される。そして発揮のされ方が特定の人に向けられたものならば才分はエスプリと称され、例えばローマの戦争術とか農業術、野生獲物の狩猟術、等々である。

好奇心について

我々の精神は思考するためにあり、つまり何かを見出すためにある。そしてそのような精神は好奇心を有しているはずである。というのも、あらゆる事柄は各々の観念が受け継いでいく形で相互につながっているような状態にあるのだから、何かある事柄に目を向けながら他の事柄には目を向けないなどということはありえないのである。そしてもし我々がある事柄に目を向けるという欲を持たないのならば、その事柄に関連する事柄に快を感じることも決してない。同様に、もし誰かが我々に絵画の一部分だけを見せたなら、我々はその部分を見たことによって抱いた快に比例する形で隠されている残りの部分を見せてくれるように望むのである。

我々が他人にある事物を見せることによって快を与えるというのはこういう仕組みを持っているのであり、精神は常に新しい事物を求め続けるのであり、それが休むことは決してない。

同様に、人が他人に多くの事物を見せたのならば精神に快を抱くのは常に確実なことであり、少なくともそれらを見られるものだと期待していなかった場合はそうである。

これによって人がとても均整が取れている庭園を見た時に快を抱く理由が説明できるし、自然や田舎を見るときにもやはり快を抱くことの説明がつく。この快という効果をもたらすのは双方とも同じ理由によるのである。我々はたくさんの事物を見ることを欲するが故に我々の視野を広げたいと欲し、色々な場所にいたいと願い、より多くの空間を隈なく歩き回りたいと思うのである。換言すれば、つまり我々の精神は限界を作るのだが、その精神が限界を超えて己が領域を広めたがるということである。精神にとっては、その視野をもっと遠くまで運んでいくのは大きな快である。だがそれはどのようにして行われるものなのか？都市部においては我々の視界は住宅によって制限されている。田舎においては、壁が障害となりやはり遮られる。何とかかんとか三つか四つの樹を見られるかどうかといったところだ。こういった我々に課せられている制限を芸術は解放し、そして自然が自身において隠しているものを我々は芸術において見出すのだ。我々はそういった芸術を好み、そして自然以上に好み、つまり自然を我々は芸術のゆえに視界に入れなくなる。しかし我々が適切な位置にたち、牧草地や小川や丘を遠くから見渡し、それらの構造がほとんど特別な外観を有しているのならば、アンドレ・ル・ノートル[2]の造形した庭園を見た時よりも魅力を感じるだろう。なぜなら自然というのは複写された存在なのではなく、一方で人工芸術は同じ分野の他のものと常に類似しているものだからである。この理由から我々は絵画を鑑賞する際、世界でもっとも美しい庭園図よりも、自然の風景をより好むのである。絵画を描く芸術家が自然を取り扱う場合、その自然が美しくあり、遠くまで見渡せ、空間いっぱいに広がり、変化に富んでいて、眺める際は快を感じさせるようなものしか題材に選ばない。

ある偉大で衝撃的な考えを抱く場合とは、通常その語られる内容において無数に取り上げられるような事柄が我々に語られた時であり、その内容を人から聞いたり本で見たりする前はとてもありそうもないことだと考え、まるで規模の大きい文学作品を読み終えた後のような感覚に陥った場合である。

フロルス[3]はわずかな言葉でハンニバルの行ったあらゆる失策に関して記した。曰く「もし彼が勝利を自身で獲得することが可能なのならば、その勝利を彼は享受する（cum victoria posset uti, frui maluit.）」

またフロルスはバルカン半島におけるマケドニアとローマの戦争の全体像の観念を次のように記すことによって我々に伝えたのだ。「この戦争は入ったことが勝利を意味した（introisse victoria fuit.）」

彼はまた、スキピオの青春時代に関して次のように述べる時、彼の人生全体の模様を読み手に示すのだ。「アフリカの破壊を願ったのがスキピオであった（hic erit Scipio qui in exitium Africae crescit.）」。少年が英傑として成長し、逞しくなっていくその姿を君はこの文を読むことによって見るような感覚を得る。

そして最後にフロルスはハンニバルの偉大な個性、当時の世界情勢、そしてローマ人のあらゆる点での偉大さを我々に見せつけるのである、次のように述べている。「逃亡中で全世界の敵に囲まれているハンニバルはローマ民族を求めた（qui, profugus ex Africa, hostem populo Romano toto arbe quaerebat.）」

秩序から来る快

快を抱かせるには精神に多数の事柄を知覚させるだけでは十分ではなく、それらが秩序だった均整の取れている状態で精神にのぼらせねばならない。したがって、我々は過去に見たものを思い起こし、見ようとするものを頭に描き始めなければならない。我々の精神は音楽を聴き、それが辺りに響き渡ると喜びを覚える。だが音楽作品においてしっかりとした秩序が取れておらず、まとまっていない場合、一音一音聞くたびに不快さを抱くだろう。作者が自分の作った組曲の音楽と、それを聞いている我々が頭で連想している音楽が混同されて混乱状態に陥る。精神は一音一音に没入することができず、また続いて鳴るはずの曲も予測できなくなる。精神はその曲の観念が錯綜していてそれが頭にこびりついているがゆえに侮辱を被った気分になり、疲労感を覚え、いかなる快も味わうことができない。そのために、作品の目的が混乱を表現したり示したりするのが目的でないならば、作品の秩序を常にその混乱に注ごうとする風に創作してしまうのだ。同様にして画家も自分たちの作品内で描く対象を区分けする。戦いを描く画家は、その絵画で鑑賞者の眼にはっきりと明確に映るのを前面に描き、構造が明確でない混乱を引き寄せるものは奥や遠い部分において描く。

多様性から来る快

だが事物において均整性が見出されるのが快の必要条件とするならば、多様性に関しても同様に当の事物において見出すことが必要となる。多様性がなければ精神は退屈してしまう。というのも似たようなものを見ていると全部同じように思えてしまうからである。そして絵画のある部分がすでに見た他の部分と類似しているのを我々が見出した場合、今見ている部分は初めて見るものだが新鮮な気持ちには到底なれず、いかなる快も抱くことができないのである。そして芸術の作品の美しさは自然のそれと類似しているので、その美しさは我々が快を抱くゆえに存在するのであり、作品内の美の特有性を最大限に発揮するためにはできる限り多様な快を抱かせるようにせねばならない。精神にはかつて見たことのない事物を展開させなければならない。またその精神が抱いていた感情とは別の感情を抱かせるようにしなければならない。

同様に歴史上の話を聞く際に、それが多彩であったなら我々は快を感じ、同じように驚くような出来事が多彩にある小説物語や、恋愛含め情熱的な場面が多彩にある戯曲も我々に快を抱かせる。そして鑑賞者に伝えるのがありきたりな場面も、それを作者の腕前による演出で快を抱かせることもできる。

講話において長い間単調な様子を呈するのは、鑑賞者を我慢のならない状態に置かせる。同じような話し言葉がくどいほど長く続いたり、詩においては詩句が同じリズムを取ったり同じ音脱落が繰り返されればやはり退屈を覚えてしまう。モスクワかサンクトペテルブルクまでの長期間の旅路を行う場合、旅行者は退屈で死にそうになり、この二つの都市間の往路で旅を続けるのをやめてしまうだろう。そしてアルプスの山脈に長期間旅する者のうち、山登りにうんざりしながらもすでに登りきってあとは降りるだけの者が最も幸福で、最も山の景色を堪能できるものである。

精神は真実を好む。だがそれを好む理由は、すでに述べたように物事を知りたい、見たい、という好奇心に基づくものである。そのためその人は見るという行為が可能である必要があり、見る対象が多様性を有していることも必要である。つまり、見る対象を適切に知覚するために複雑でなく十分に明快でなければならないが、一方でそれに快を抱かせるほどには多様性を有している必要がある。

事物には多様性を有しているように見えて決してそうではないのもあるし、逆に単調に見えて非常に多様な事物もある。

ゴシック式の建築物は非常に多様であるように思える。しかし施されている装飾が細々としているがゆえに見る者を狼狽させ、疲労感を覚えさせる。我々が見る対象で相互を区別することが全然できず、眼を一つに集中させることができないほど数の量が多いものは、快適さを求めて選んだ場所もこのような状態では不快感を催させる。

ゴシック式を採用して仕立てられた建築物は、見る者の眼には不可解なものとして映る。また精神はわかりにくい詩を読ませられたら困惑してしまう。

逆にギリシアの建築物は、それとは逆に単調であるかのように見える。建築物における模様等の区分がとてもはっきりとしていて、そしてその建築物を人が見るにあたって疲労感を覚えず、それでもなおその建築物を見るのに夢中になれるほど同じくらいはっきりと見えるので、この建築物を見る者はその多様性によって快を抱くことができるのである。

大きな事物が大きな部分を有しているのは必然である。大きな人間は大きな腕を持っているし、大きな樹は大きな枝を有しているし、大きな山は上下に連なる他の複数の山から構成されている。これは事物の性質所以である。

少ししか模様や装飾の区分けが施されておらず、それがくっきりと見る者の眼に映るほど区分けが大きいので、ギリシアの建築物の至る所の箇所に見る者の精神に何かしらの威厳が降臨しているように感じ取らせるのである。

同様に、画家は創作する絵画内では三つか四つの群に分けて表現する。画家は自然を模写する。多数の軍隊は小隊へと常に分けられていくのだが、これと同様に画家は大きな事物群を明瞭なものと不鮮明なものとを分ける。

対称性の快

精神が多様性を好むということは述べた。だが事物の大部分に関しては、精神は対称性を有するものを見るのを好む。こう書くと何らかの矛盾を孕んでいると思われるかもしれない。このことに関して説明していきたいと思う。

精神がある対象を見るときに快を感じるための原理が一つあり、それは何かというとそれを容易く見られるということである。そして対称性が精神に快を抱かせる理由は、それを見るための労力を節約させ、楽をさせる点にある。つまり対称性を有しているがゆえに、その対象物を把握する労力が対称性を持たないものと比べ半減するのだ。

ここから普遍的な規則が導き出される。対称性が精神にとって有益でその機能を助けることができる場合はいつも、精神にとってその対称性は快適なものである。だが逆に、無益な場合は陳腐なものと感じられる。というのも多様性が排除されているからである。ところで、我々が事物を連続で見る時、それに多様性を感じることがある。なぜなら我々の精神はそれらを見るのに何ら困難を感じないからだ。逆に我々が一度に事物の全体を見る場合は、そこには対称性がある。同様にある建築物、花壇、聖堂等を築く者たちはそれらの一つの面を一目見る者が困惑せず、その精神に快を抱かせるために、対称性をそれらの面に施して簡素なものとする。

対象を一瞥だけでその全体像を捉えなければならないようなものは、それは複雑に入り組んでおらず、画一的であり、さらに対象の部分部分は全体と調和してなければならない。このために対称性が好まれるのである。対称性は各々の箇所を全体へと統合させる。

自然においては各々の部分が全体へと調和されており、精神がその全体を見る場合は部分部分において不完全だったり、調和していないようなものを見出したいとは思わない。対称性を精神が好むのはこの理由である。対象物において釣り合いやバランスが取れている必要があるのだ。翼棟付きの建築物、或いは一方の翼棟がもう片方の翼棟よりも短い場合は、それは腕がついているが未発達の肉体であったり、あるいは片方の腕がもう片方よりも著しく長いのと同じくらいのちぐはぐ感を与えるのだ。

対照性

精神は対称性を好むものであるが、同じく対照性も好むものである。これに関してわかりやすい説明をせねばなるまい。

例えば、画家や彫刻家が自然を対象として創作する際に何らかの対称性を作品内に取り上げなければならない場合、むしろ自然は作品内に対照性を取り入れることを欲するだろう。他の足と同じように配置されている足、他の四肢と同じように見える四肢、といったものは鑑賞者にとって我慢のならないものだ。その理由は、この対称性はゴシック式の建築物を見るときと同様にほとんどいつも同じような外観を呈していて似たり寄ったりになるからである。同様に、この場合は芸術作品においても多様性が見受けられないのだ。さらに、自然も我々を似たり寄ったりな存在として配置したわけではない。そして自然が我々に動作するという能力を与えたのであり、極東アジアの寺院のようにあらかじめ我々の行動や態度を型に嵌めるように調整したわけではない。そしてもし窮屈さを感じる型に嵌っていたり、多様性のない人間と関わるのが我慢のならないものなら、芸術作品においてもこうだったらどうだろうか？

作風に対照性を取り入れる必要があり、特に彫刻においては常にそうなのだ。彫刻作品では必然的に冷淡さが醸し出されるため、対照性や姿勢の効果によってでしか情熱を感じさせることができないのだ。

しかしすでに述べたように、ゴシック式の建築物に取り入れようとした多様性は逆に単調性をもたらしたのであり、ここから敷衍して対照性を手段として取り入れた多様性も結局は対称性になってしまい見るに堪えない単調なものとなる。

だが、こういったことは絵画や彫刻だけに生じるものではなく、作家が各々の文章において対照的な模様を有する弁償法的な対話を最初から最後まで用いていたりする場合も該当する。聖アウグスティヌスやラテン後期のその他の作家がこれであり、さらに我々の現代の作家のうちの数人、例えばサン・エヴレモン[4]も該当する。文章の表現がいつも同じように単一であったなら、それは読む者をひどく不快にさせる。この恒久的な対照性が対称性を生じさせ、わざとらしく反目しあっているような各々の要素がある場合は、単一性を生じさせる。その場合エスプリは多様性をほとんど見ることがなく、もし文章の一部分を読んでみると、他の部分の文章も同じような内容だと見抜く。対立しあっている言葉を見はするが、いつも同じやり方で対立しあっているのを目の当たりにする。文章表現が様々な外観を呈しているが、常にその内容は同じである。

多くの画家は至る箇所で思慮深く練ることなく対照性を取り入れるという誤りに陥る。その結果、絵画のある部分を見ると、他の箇所の配置も見抜いてしまう。こういった同じような手法による多様性が、作品が似たり寄ったりだと思わせるようになる。その上、物事を一貫性なく仕立てる自然は同じような手法による対照性を見せることはない。自然による物質はそれが動作することや強制されて動かされることは考慮に入れない。そのため自然は上述の人工芸術よりも多様性を有している。自然はあるものに対しては落ち着きの性質を備え、他のものに対しては様々なタイプの動きをするように添えるのである。

精神が多様性を好むというのを自分で承知しているなら、たえず探究心を衰えさせることはない。それは、精神は同じ状態を長い間ずっと知覚するのは我慢ならないからであり、精神のみならずそれと連関している肉体も耐えられないのだ。我々の精神は活発になるために、我々のエスプリが神経の中を流動していく必要がある。そして多様性のなさゆえに精神が堪えられなくなるには二種類の生物学的な説明がある。神経において疲労し、エスプリの一部分が停滞しもはや流動しなくなるか、神経をかけ巡っているエスプリが霧散消失してしまうか、である。

同様に、我々は長期間続く、特に偉大な性質を有する快に疲労を覚えるものだ。人はそれを感じ取った際に抱いた同じ満足感を以て感じるのをやめる。なぜなら発熱した体内の器官は休息を要するからである。もっと我々に適切に益するものを取り入れる必要があり、それを身体機能として割り当てる。

我々の精神は感じることに疲れ果てる。とはいえもはや感じなくなること自体は、虚脱状態に陥ることであり、それによって逆に苦しむことになる。変化を取り入れることによって完全な回復に至る。彼は新しいものを感じ、疲労を覚えなくなる。

驚きによる快

このような精神の状態は常にさまざまな対象へと目指すものであり、その対象から驚きを覚えることによって快を味わうのである。演出や動作の機敏さによって精神は快を抱く。というのも精神は予期していないことや今まで想像しなかった芸術的表現を知覚したり感じたりするからである。

ある事物は我々を驚嘆すべきものとして不意に捉え、同時に未知であり、それでいて予期しないものだったのだ。そして後者の場合主たる感情は、対象物が未知で予期しないものを土台とする副次的な感情と連関するのである。

この理由により運が大いに絡む賭け事が我々を興奮させるのである。それらが我々に予期せぬ一連の出来事を見せてくれるのである。そしてこの理由により社交界における遊戯が我々に快をもたらしてくれるのだ。それらはやはり予測不可能な一連の出来事なのであり、偶然の絡む策略を要するのである。

またこの理由により、劇場で上演される戯曲も我々に快を抱かせるのである。劇は徐々に展開されていき、その瞬間が来るまでに事件を隠しておき、鑑賞者は驚くような新たな事件を今か今かと期待し、そして多くの場合我々の期待に応えるようなものが見せられたら我々は興奮に掻き立てられるのである。

そしてエスプリ的な作品を人が読むのは、日常会話では無味乾燥でほとんど常に退屈を覚えるようだが、そういった作品を読むことにより心地よい驚きを得られるからこそである。

驚きは事物やあるいはその近くの仕方次第で生じられる。というのも我々は実際の効果以上に大きくあるいは小さく感じたり、あるいは実際の事物とは違った風に受け取るからである。あるいは、我々は同じ事物を見るが、我々が驚きを抱くような副次的な観念が付随することによって驚く。そのような副次的な観念が付随するのは、例えばそのような事態になるのが困難であったとか、事件の張本人や起きた時間帯に意外性があったとか、突拍子なやり方だったとか、関連する他の事情があったとか、である。

スエトニウスは我々を驚愕させるような仕方でネロの冷血な罪の行いを描写するが、彼がそれを描写する際に、まずは読み手にあたかもそれが怖くないかのような調子で書いていく。だがある時に突然調子を変えて次のように言うのである。「世界はこのような怪物に十四年もの間災いを被ったが、ネロはついにその行いをやめたのであった（Tale monstrum per quatuordecim annos perpessus terrarum orbis, tandem destuit.）」

この表現は精神において多種多様な驚きを生じさせる。我々は著者の突然の文体の変化に驚く。彼の異なった考え方を見出して驚く。改革の時来たれりと言わんばかりのことなのに僅かな言葉しか述べないやり方に驚く。読み手の精神は震駭しつつも快を抱くような無数の感情を抱くのである。

感情を産出しうる様々な原因

我々の精神が平常抱かない感情を抱くのは、非日常的な原因によることを考慮する必要がある。この「非日常的な」という単語にあえて説明を加えるなら、ある程度の量で快を抱かせるための効力と多様性を生み出すものである。エスプリとは複数の体内器官に刺激を加えることができるのを知っていることに本質がある。そして複数の作家を考察してみれば、おそらく最も優れた作家、他の作家よりも読み手が多くの快を抱いたのは精神において様々な感情を同時に湧き起こした作家だということを見出すだろう。

諸君らにお願いするが、原因の複数性に目を向けてみると良い。我々は樹木が乱雑に立っている庭園よりも手入れのよく届いた整然とした庭園を見ることを好む。というのもそれは

一．一つの対象に焦点を当てるはずの我々の視覚は、乱雑した樹木が対象だと定まらないから

二．乱雑に立っている各々の樹木は一つ一つが対象物であり、各々は規模が小さいのに対して、庭園の並木道はその全体として一つの対象物であり大きな規模として目に映るから

三．我々が普段見たことのないような方法で編成されているから

四．その庭園を手入れした者が自発的に骨を折ったことを我々は知るから

五．手入れをした人が自然と絶え間なく戦った労力を払い、それによって誰も要求していない

のにそこから獲得したのを一つの庭園として仕立てたことに感嘆するから
庭園に手入れがきちんと施されてなく乱雑なままだったら、それを見る我々にとっては我慢のならないものとなるのは確かである。作品の複雑さ、難しさが我々に快を抱かせることもあれば、簡素さが快を抱かせることもある。絢爛な庭園において、我々はその壮麗さと庭園の主人がそれに注いだ労力に感嘆する一方、時折我々は芸術作品において少ししか労力を注がないものを快を抱きつつ眺めることもある。賭け事が我々に快を抱かせることもある。というのも我々の守銭奴根性を満たすから、つまりもっと金が手に入るかもしれないと見込むからである。我々がもっと金を所有し、その幸福を他人が羨望の眼差しで眺めるのを考えて、我々の虚栄心が煽られるのである。注目される騒ぎが見られることによって我々の好奇心が満たされる。そして非日常的な驚くべき出来事を体験して様々な快を抱くのである。
舞踏においてはその軽快さ、ある種の優雅さ、舞踏における振る舞いの美しさや多様さ、音楽との調和、踊っている人は演奏者が持っている楽器と思わせるほどのことが、我々に快を抱かせる。しかし特に舞踏においては我々の脳の傾向、つまり舞踏における動作全てのうちの特定の動作に無意識的に集中させ、また多くの姿勢のうちある特定の姿勢にも無意識的に集中させる傾向を脳が持っていることとよって快を抱く。

感覚について

我々に快を抱かせたり不快を抱かせたりすることには様々な観点がある。例えばイタリアの歌は音楽的に素晴らしいが、それが去勢歌手によって歌われると少ししか快をもたらさないだろう。というのも

一．彼らは去勢によってよく歌うが、我々はそれに感銘を受けることがない。去勢歌手である彼らは楽器職人が木を削って音が生み出される楽器のような存在だからである

二．彼らの歌に込められた感情は偽物ではないのかという疑いを大いに抱かせる

三．彼らの性的な位置づけを我々は好まないし評価もしない

その一方で彼らが我々に快を抱かせることもあり、なぜなら彼らが長い期間に若者と思わせる雰囲気を醸し出していて、それ以上に彼らの声は柔軟であり特にそれが顕著だからである。同様に、我々に感情を抱かせる各々の事物がその他の事物も要素として構成されている、本来その事物だけで抱くはずだった感情は弱まったり逆に苛立ったりする。

しばしば我々の精神自体が精神に快を抱く理由となり、それは特に精神が向けている対象物と関係性を持たせた場合である。同様に、以前我々が快を抱いた事物は過去に我々がそれに快を抱いたという理由だけで現在においても快を抱かせることもある。なぜなら以前のそれに対

する観念を現在のそれに対する観念と結びつけるからである。また、我々が劇場において快を抱いた女優に対しては、寝室においても我々を喜ばせる。彼女の声、雄弁性、感嘆しつつ彼女を見たという思い出、姫様の観念と自分の持っている観念が連関していく。こういったものが全て寄せ集められて一つの混合物となり、快を形成し産出する。

我々は皆副次的な観念でいっぱいである。ある女性が大きな評判を博し、彼女の軽めの欠点が逆にその評判を信頼させ、彼女を女神のような魅力を有している者として目線を配る。しかし我々の好む大部分の女性は、彼女達の生まれ、財産、栄誉、特定の男たちから敬愛されている故の偏見に基づいて好意を抱いているに過ぎない。

精神が対象の事物と連関する場合のその他の効果

人々が春の季節に田園生活を送る際、その微笑ましいこの雰囲気はあらゆる寓話へと広がっていく。この幸福な描写、無邪気な出来事、神の恵み深さ、我々が実際に普段見るのとは全く異なる光景、これらは我々が現代で叶えられる望みとは全く異なるものである。そして現代の有様を念頭に浮かべたら、この田園生活の本当らしさ、そして情念や平穏性が混合したような雰囲気がぐらついてしまうこともある。我々の空想はディアナ、パン、アポロン、ニンフ、樹木、平原、泉へと向かって、微笑む。もし最初の人間であるアダムとエヴァが都市に住んでいる我々と同じように生活したなら、詩人たちは我々が毎日不安で過ごしたり嫌悪感を抱いたりすることとしか描写できないだろう。皆、貪欲、野心、我が身を苛ませる情念を持ちながら呼吸する。

詩人が我々に描写する田舎生活は、彼らが惜しみつつ残念がる黄金時代について語り、つまり今よりももっと幸福で平穏な時代について語るのだ。

洗練について

洗練された人というのは、その人の抱く各々の観念と各々の快に対して多数の観念や多数の快が付随している人を指す。粗野な人は一種類の感覚しか持たない。粗野な人の精神は感覚を組み立てたり分解したりすることを知らない。彼らは先天的に授けられた感覚から別のものを組み合わせたり、或いは先天的な感覚を取り除けたりすることはない。一方で恋愛において洗練された人は、恋愛において抱く快の大部分は後天的に自分で組み立てる。ポリュクセネーとアピシウスは我々に他の卑賤な人が食するのとは違い、彼らは多数の未知の刺激を与えた。そしてそれはエスプリ的な味わいのある作品だと判断され、他の人が持っていない無数の興奮をもたらすのである。

何かわからぬものについて

時折に人や事物において見えない魅力や生まれつきの祝福があり、それを人はうまく明確に説明できず、「何かわからぬもの」という呼称をそれにつけざるを得ない時がある。どうやらそれは、驚きを土台にして主に形成されているものだと私には思われる。人は最初からその人に快を抱くに違いないと思われる人よりも不愉快を抱かせる人に感動させられ、またその人が我々の眼に欠点として映っていたのだが、当人が努力でその欠点を克服することによってなくし、その人を見る者の心にもはや欠点がないと信じると、心地よく驚きを覚える。醜い女がなぜ頻繁に寵愛を受けて、美女が寵愛を受けることが滅多にないかがこのことから説明できるだろう。というのも美女は我々が予期するのとは逆のことを行うのが常だからである。そして我々が彼女たちに抱く心地よさが減退してしまうのだ。我々を十分に魅了した後に我々が冷静になったら、美女たちの悪い振る舞いが不意に映るようになる。そして彼女たちに魅了されていたのは以前の話で、今や彼女たちを不快な者とみなすようになるのである。同様にして、美女たちは偉大な感情というものを滅多に抱くことはなく、そういったものは祝福を受けた者に取っておかれ、そうしたことを我々は決して予期することはなく、また予期させることもない。絢爛に身を装飾することは滅多に優雅さを有することはなく、一方で羊飼いの服装がしばしばそれを有することもある。イタリアの画家のパオロ・ヴェロネーゼ[5]の描いたラシャの威厳に我々は感嘆する。だが同じイタリア画家のラファエロの作品の素朴さやコレッジオの純粋さに我々は感動を覚える。

　魅力は容貌よりもエスプリにおいて普通見出される。なぜなら美しい容貌は相手にいの一番に見られるものであり、それが隠れることはほとんどない。だがエスプリは少しずつしか顕在化せず、当人もエスプリを発揮したい時に好きなだけ発揮できる。そしてエスプリを隠すこともでき、それを駆使することによって相手に不意を打たせ、魅力を出すことができる。

　魅力は顔立ちよりも振る舞いの方が見出される。というのも振る舞いというのは各々の瞬間に表されるものであり、あらゆる瞬間に驚きを与えることができるからである。一言で言えば、女性は行儀なくして美しくあることはほとんどなく、逆に行儀が添えられれば何倍にも増して美しくなる。男と女の両性の規則は未開国から文明国へと発展する段階に制定され、男性がそれを制定するのを要求し、女性がそれに従うようになるのである。このことが、魅力というものが女性に特についてまわる理由の説明になる。彼女たちには全てが禁じられているので、全てを隠す必要があるのだ。言葉は最小限で、身振りも最小限に用いて、課せられている主要な規則を破ることなくそれら全部を彼女たちが自由に示せば、それが魅力として映るのだ。そしてそれこそが自然の叡智ともいうべきであり、規則があることにより初めて慎みとなるのだ。この見事な規則により無限の価値が生み出され、世界に安寧をもたらすのである。

厚顔さや虚偽の見せかけは我々を不意に捉えることがないように、不快な態度や見せかけの態度には魅力がないが、この二極点の間にある特定の気ままさや愛想の良さには魅力がある。そして二極点の危険さを避けたことを知れば、不意な驚きが居心地よく精神を捉える。どうやら虚偽のない自然な振る舞いが最もリラックスできるようだ。このような振る舞いが最小限で済む。というのも我々を窮屈にする教育は、我々のあるがままの自然性を喪失させるからである。そしてそれが復活したのを見て魅了するのである。

身の装飾において我々にほとんど最も快を抱かせるのは何かというと、このように己の身の装飾を乱雑に、或いは無思慮に取り扱った時であり、そしてそれが清潔さの観点からによるものではなく、単に虚栄心がそうさせたことに起因する場合である。そしてエスプリにおいて魅力が醸し出されるのは、何より自然なままで発せられ人に見出された時であり、それがわざとらしく発せられた時ではない。

諸君らが周りに評価された時のことを話す時、それはエスプリそのものを相手に見せたからであり、己のエスプリの中にある魅力ではないことがよくわかるだろう。そのことを知るのに、諸君ら自身が自分のエスプリを意識して見せるのではなく、他の人が、とりわけ君から何か簡単な飾り気のないような事物を期待していない人が、それを知覚して心地よく驚くのである。

同様に魅力も自分で獲得できるようなものではない。それを身につけるには、素直になる必要がある。だがどうすれば素直になることができるのだろうか？

ホメロスの最も美しい物語の一つ、快の技術を女神ウェヌスに授けた帯。この魅力という魔法と力が、盲目ながらも美について優れた感性の持ち主に授けたことを感じさせることほど味わい深いことはない。そしてこの帯はウェヌス以外の誰にも与えられることはない。その帯は美の権化であるユーノーにはふさわしくない。というのもこの権威の存在はある種の重さ、つまり魅力の天真爛漫さとは逆の窮屈さが要求されるからである。それは戦の女神パラスの美しき威容には似つかわしくないものだ。というのも威容というのは柔和な魅力とは逆の性質を有し、その上見せかけではないかとしばしば疑われることもある。

偉大な美を形成するのは、事物の与える驚きが最初は普通の度合いで、それが持続しやがて度合いが増していき、やがて我々はそれに感嘆を抱くようになるのである。ラファエロの作品は最初一目見た時はそれほど心を打たないものだ。ラファエロの作品は非常に巧みに自然を模写し、最初見た時は同じ対象を見た時と同じ程度の印象しかなく、驚きを生むことはない。だが常軌を逸した表現、鮮烈な色調、絵画の奇抜な雰囲気といったものは最初見た時から我々を掴んで離さない。というのもそういったものを今まで見たことがないからである。ラファエロをウェルギリウスと比較したり、あるいは十六世紀のヴェネツィア画家(例えばティティアン、ティントレ、ヴェロネーゼ)を彼らの力強い作品上の雰囲気の観点でルシアンと比較することもできる。ウェルギリウスはより自然に読者の心を最初は少ししか打たないが、やがてそれが増大していく。ルシアンは逆に最初は強く打ち、次第にそれが弱まっていく。

有名なサン・ピエトロ大聖堂の極めて正確に均整の取れたその姿は、最初は見る者にとって実際のその大きさを感じさせない。というのも我々はその大きさを判断するのに教会のどこの箇所に焦点を当てればいいか分からないからである。もっと教会が小さければ、その長さに心打たれることだろう。だが実際の教会を観察すればするほど、見るものの眼にはそれが巨大化していくのが見えて、驚きの度合いも増加するのである。それはピレネー山脈と比較することもでき、ピレネーを初めて見るものはそれをきちんと捉えられたかのように思うが、やがて山の後ろにまた連なった山を見出しその規模を常に捉え損ねるのである。

自分自身でもその原因がわからないのに、精神がある感情を抱いている時に快を抱くことがしばしばあり、それによって見ている事物を今まで知っているものとは全く違った形でそれを捉えるのである。この場合彼は驚きの感情を抱かされ、それから逃れることができない。一つ例を挙げよう。サン・ピエトロ大聖堂の穹窿は巨大である。ミケランジェロがローマで最も大きな神殿であったパンテオンを見ながら、このような神殿をぜひ建ててみたいが、その場合サン・ピエトロと同じ威容を醸し出しているように建てたいと述べたことは知られている。なので建設に当たって彼はサン・ピエトロ大聖堂をモデルとした。だが彼は円柱をとても大きなものとして建設したので、その穹窿が神殿の中にいる者の頭上に山のように聳えている様子をもち、そのためにそれを注視する者にとっては優美なものとして映るのである。精神はある事物に関して知っていることと現に今見ているものとの差異の間で曖昧なままでいて、その精神にとってはその事物の全体が非常に巨大であると同時に優美なものとして同時に映るのである。

精神に結果としてある種の当惑をもたらす美

精神が今まで見てきたものと今現に見ているものとの差異を埋め合わせられない時、驚きを覚えることがしばしばである。マッジョーレ湖[6]と呼ばれるイタリアの大きな湖があるが、実際は、現地人以外はそこの縁を上って入ることができない小さな海である。沖から十五海里のところに二つの島あり、それらは一キロほどの周の長さがある。それらの島を人は「ボッローメオ」[7]と呼び、それらはこの世界での逗留地として最も魅力的な場所だと私は考えている。この現実離れしたコントラストに精神は驚きを覚え、まるで小説で見られるような素晴らしさを快を抱きながら思い起こし、険しい岩礁や不毛地を一旦越えて仕舞えば、妖精のために造られたかのような光景を見出す。

対照性を持つものは全て我々の心を打つ。というのも二つの事物の反対の性質が浮き彫りになるからである。同様に、もし身長の低い人間が高い人間の側に立っている場合、小さい人間の存在が大きな人間をより一層大きく見せ、逆に大きい人間の存在が小さい人間をより一層小さく見せるのである。

このような種類の驚きは、正反対の性質を持つ美や、対称物や似たような人物像において見出す快と同じような性質である。フロルスが「ソレやアルジッドは素晴らしい人たちだった（だれがそれに同意するだろうか）。サトリックとコルニキュールは田舎臭い人たちだった。我々はボルリオンとヴェルリオンを恥ずべき存在だと思うが、我々は彼らを克服したのだ。そして我らの街、ティビュール。我らの愛しい家があるプレネストは、我々がキャピトールに祈りを捧げていた題目だったのだ」と書いている。私の意見ではこの作者は、ローマの壮大なスケールと初期のちっぽけさを同時に見せているのである。そしてその両方において驚きをもたらすのである。

ここでは意見の対照性と表現の対照性の違いがどれほど大きいかに気づくことができる。表現の対照性というのは露わになっている。一方意見に関しては隠されている。片方は常に同じ風に装っているのに対して、もう片方は欲するままにその装いを変えることができる。片方は多種多様で、もう片方はそうではない。

同じフロルスが、中央イタリアの山脈地方に住んでいた昔の民族であるサムニウム人[8]について言及している際、彼らの村落がひどく破壊され、今となっては彼らが華々しく収めた二十四の戦の勝利に関してもはや見出すことができないと述べている (ut non facile appareat materia quatuor et viginti triumphorum)。そしてこの民族の殲滅について述べているのと同じ口が、彼らの勇敢さと粘り強さを聞く人に思い起こさせるのである。

我々が笑いを堪えたい場合、我々が実際に置かれている状況と置かれたいと思っている状況の間の対照によって我々の笑いの欲求がより募ることとなる。同じく、我々が相手の顔に顕著な欠点を見た場合、例えば非常に大きな鼻があったりするなら、他の顔にはない特徴を見てその対照性によって我々は笑ってしまうのである。美と醜さは同じように対照性に起因するものである。それらが理に適っていないものと我々が見出すならば、つまり他の欠点を浮き彫りにさせたり際立たせたりすれば、それらは醜さを醸し出すのに大きな役割をもち、特に我々が突然それを見て不意に捉われれば我々の精神にある種の喜びを喚起させ笑ってしまうのである。その醜さを有している人間が不幸な状態にあるのを我々の精神が見受ければ、憐れみを喚起することがある。それが我々を害することがありうると見受け、心動かされたり欲望を刺激するような観念と比較した場合、それを見る精神は嫌悪感を抱くのである。

同じく我々の思考が良識とは対置されるような考えを抱く場合、その対置の内容がありふれたもので簡単に見出されるものである場合、そこに快はなくいわば欠陥状態にある。なぜなら驚くべき理由が何らないからである。逆にそれが入念な考察の結果ほとんどの人が知らないような考えであったなら、快を抱かないということはもはやなくなる。人が作品において何かしら感じるのはそこに実際に考えが表現されていることに起因するわけであり、その考えを示したいという欲求からではない。なぜならその場合の驚きは作者の愚かさ以外の何物にも起因しないからである。

我々に最も快を抱かせる事物のうちの一つとして、飾り気のなさ、素直さがある。だが、これは捉えるのが最も難しい様式でもある。というのもそれは高貴と卑俗のちょうど間に位置し、そして卑俗さに転落しやすく、転落せずに素直さを持ち続けるのは非常に難しいからである。

音楽家は最も簡単に奏でられる音楽が最も作曲するのが難しいのを身に染みて知っている。確かに我々の快とそれを我々に与える芸術はある種の境目が挟まれている。

コルネイユのもったいぶったような詩とラ・シーヌの取り繕わない自然な詩を見てみても、コルネイユの方が簡単に詩を書いてラ・シーヌの方が骨を折って書いたとは人は思うまい。

卑俗な作品も自分たちにとって心地よく好ましい場合は、彼らにとって崇高なものとして映るだろう。

良い教育の下で育ち優れたエスプリを持つ人が抱く観念は、純真で、高貴で、荘厳なものである。

我々に示される事物において、状況や付随している事物がそれを気高くさせるならば、我々はそれを高貴なものとみなす。エスプリが常に勝利し決して敗北してはいけない時においては特にそう感じられる。なぜならエスプリは常に何かを付け加えなければならず、事物をもっと大きく見なければならない。あるいは規模が関係ない場合は、もっと繊細に優美に見なければならない。だがその場合もエスプリは卑俗性に関して注意しなければならず、というのも卑俗性が発見されれば逆に高貴性は隠れてしまうからである。

繊細さを見せることに関して、精神は事物と事物を比べるよりも、手法と手法や行為と行為を比べることを好む。勇敢な男をライオンと、女を星と、軽薄な男を鹿と比べる方が一般的には楽である。だが同じくラ・フォンテーヌは彼の寓話において次のように始める。

ライオンの脚の間で
ネズミが地面から出てきてたっぷり嫌がらせをしようとした
この状況で動物の王者は
王たる存在を見せつけ、このネズミを生かしておいた

ラ・フォンテーヌは動物の王の精神の変遷を、実際の王の精神の変遷と対比させたのだ。ミケランジェロがあらゆる題材に高貴さを添える巨匠と言って良い。彼の有名なバックスの彫刻は、垂れながら空を見上げている人物像を書いたフランドル地方の画家のように創作されたものではない。そのようなものは神の威厳には相応しいものとは言えない。彼は作品の両足をガッチリと塗装した。だがミケランジェロはそれでも陶酔の愉悦をその作品において醸し出したのであり、彼が杯に液体を注ぎ流しているのを見ることによって抱く快は、これほど感嘆を引き起こすことはない。

フィレンツェ・アカデミーに収納されているミケランジェロの「パレストリーナのピエタ」では、聖母マリアが立ったままの状態で自分の息子が十字架に貼り付けられているのを凝視している様子で彼は彫像を彫ったのだが、聖母は苦しむことも憐れむことも、惜しむことも涙を

流すこともない。息子は死という大いなる神秘へと導かれるものとされ、それによってこの死の場面を偉大さを有しながら耐えられるようにしたのだ。

ミケランジェロの作品に高貴さが添えられていないものはない。ウェルギリウスの未完の詩と同様、人は彼の草稿においてすら何かしら偉大さを見出す。

ジュリオ・ロマーノ[9]はマントヴァにある絵画「巨人たちの部屋」で、雷を落とすユピテルが他の神々を恐怖させている場面が見える。だがユーノーはユピテルの隣にいる。ユーノーは彼に自信を持った調子で雷を落とすべき巨人を示す。これによって他の神々にない偉大な様子をユピテルは彼女に見せるのである。彼らがユピテルの側にいればいるほど彼らは安心した様子でいる。そしてそれは自然なものだ。なぜなら戦においては優位に立っている者のそばにいれば恐れを抱かなくなるからである。

規則について

芸術の全ての作品は決して忘れてはならない基準と言うべき一般的な規則がある。だが、法というのは一般理論においては常に理に適っているが、実際にそれを施行するときはほとんどの場合その理を失ってしまう。そして理論上は常に真である規則も、仮説の場合は誤りになることもありうる。画家と彫刻家は人間の体を描く際に必要な比率を理論的には構築し、それは顔の長さの一般的尺度として使用されるようになった。だが、人を創るたびに結局その定められた比率を破らねばならない。というのも人の肉体を創る場合、各々違った手法で創作しなければならないからである。例えば、垂れた腕というのは垂れていない腕よりも長い。誰もミケランジェロほど名の知られている芸術家はいない。誰も彼以上に作品において仕事道具を巧みに使える者はいない。彼が建築作品において決められた比率をきっちりと守ったものは僅かながらある。とはいえ、彼の作品が全て見るものに快を与えることはよく知られていることだから、どうやら彼のそういった作品は特殊なケースのようだ。

とはいえ、芸術上の各々の効果は普遍的な原因に基づくものである。各々の効果による他の特定の原因も彼は作品に何らかの方法で混ぜて、全体で特殊な効果をもたらす。同様に芸術は規則を与え、作者の独自性がそこから逸脱する。我々が見出す独自性はその作品が規則に従った場合もあれば、逆に作品の独自性が規則から逸脱する場合もある。

理性に基づく快

私は何度も我々に快を抱かせるものは理性に基づいていなければならないと述べたが、それの例外であるいくつかのものも、他の点によって快を抱かせるのも理性とは極力関係を有していなければならない。

そして私には、なぜある作家の愚かさ加減をよく承知しているのにその作品においてもはや快を抱かなくなるのかが分からない。なぜなら作者が創る作品内の味わいで快を抱かせるものは、作者のある種の自信を有するものであるが、見るものとしてはその作品を最初見た時はそれの基本要素をうまく把握できず、その作品は良識に反するものだと思ってしまうのである。

同様に、私がイタリアのピサにいたとき、空中で壺の水を注ぎ落としながら川が形成されているアルノの絵画を見た時、私はいかなる快も感じることはなかった。またジュネーヴで聖人が殉教者として苦しみながら空に浮かんでいるのを見ても何ら快を感じることはなかった。描かれているのはとても粗野なもので、それを注視することはとてもできない。

セネカの悲劇「テュエステス」の第二幕を鑑賞していると、自分が在命中であった時のローマの市民についてセネカが語ったように、アルゴスの老人たちがパルティア人とローマ市民について語り、市長について讃え、リビアの穀物やカスピ海を閉鎖したイランの民族サルマタイ人、そしてダギア人を魅了した王たちを軽蔑し、似たような無知が題目を真剣に取り扱っているのに笑いを誘うのである。これはあたかもロンドンの劇場で、ガイウス・マリウスを紹介する際に彼に下院の保護があれば貴族院の反目は彼にとって恐れるに足らないものとなったり、ローマの高名な家系が銀山のあるペルーのポトシから持って来たもの全てより徳を好む人と説明するようなものである。

ある観点からある事物が理性に反するものであり、そして他者や習慣あるいは我々の快にょる利益関係から我々が快を抱き、結局それを理に適っているものとみなしてしまう場合（例としてフランスオペラがある）は、理性をできる限りその事物に対して持続して保ち続けなければならない。私はイタリアでカトーやカエサルが劇場でアリアを歌うのを見ても腹を立てることはない。イタリア人は、オペラにおいて歴史を題材にして創作するのだが、その際寓話や物語を題材にしてオペラを作った我々フランス人よりも上品さが薄くなっている。それは魔法的な魅力があり、歌唱における不都合さが減退されるからであるのだが、それは異常性を醸し出せば自然な状態から更に遠く離れた方法で表現することができるからである。それにどうも歌唱においては単に喋る時よりも呪文や神との交際においてより力を発揮するからのようでもある。そのためにイタリアのオペラには理に適っているところがあり、そういったやり方を我々はよく使用するのである。

よりよいシチュエーションの考慮

大部分の陽気な冗談を聞いて抱く快は、特定の瑣末で偶然の出来事に対して聞いて抱く快が最も普遍的なものであり、自分は困惑していないが誰かが困惑した状態にあることを見出すが面白いのである。あたかも誰かが何かに巻き込まれ、それから逃れることができず、上手くそれに対応することができないように。同様に喜劇において、誰かがヘマをやらかして一方自分はやらかしていないから快を抱くのである。

我々は誰かが転ぶのを見るとき、彼が必要以上に怖がるのを見て我々は面白がるのである。同様に喜劇において、必要以上に当惑した人を見て我々は快を抱く。誰か重々しい人が何か滑稽なことをしたり、その重々しさには似つかわしくないと思われる状態にあるのを見るとき、我々は面白がる。同じく、我々のフランス喜劇において、老人が騙された時、本来彼は慎重で経験豊かなのに恋や貪欲さによって騙されているのを見ると我々は快を抱く。

だが子供が転ぶときは、我々は笑うよりも憐れむ。というのもそれは子供の過ちではなく、彼の未熟さからくるからである。同じく若者についても、感情に囚われて盲目的になって好きな人と結婚して父親から罰せられたら、その若者が自然の性に従って行動したのに不幸になり、人の身分に屈する弱さを見て心苦しくなるのである。

そしてある女性が転んだら、彼女が当惑させる要素があればあるほど我々の快は増していくのであり、同じく喜劇でも、特定の人物が当惑するような要素全てに我々は快を見出すのである。

全ての快は我々の先天的な意地悪さか、あるいは他の人には好感を抱いている分だけの嫌悪感を特定の人間に向けることを基底とする。

そのため喜劇の中でも傑作に位置付けられるのは、この愛情とこの嫌悪を丁寧に作品内に取り扱い、その表現が作品の一部始終矛盾なく首尾一貫していて、それぞれの人物たちに好意を寄せたり憎んだりしても自分が嫌悪を抱いたり後悔したりしないように表現されている必要がある。というのも作中で憎むべき人物なのにその同じ人物が憎まれるのに相応の理由があって興味を惹かれ、それに関連した作中の大きな行動で我々が不意に捉われ、最終的にはそれが作品の大団円を迎えるのに大きな役割を果たすのは、見るものにとってほとんど耐えられないものである。

ゲーム、転倒、対照、に起因する快

トランプのピケにおいて我々は知らないことを解明していくのに快を抱き、このゲームの魅力は自分がカードの札を全部示されているように思えるが、実際は多くの内容が隠されている状態にあり、それが相手のカードを知りたいという好奇心を我々に抱かせるのである。同様に、劇場の上演作品においても、ある特定の事柄は鑑賞者に知らされるが、他方では他の事柄は秘められたままであるのが好奇心を掻き立てるのである。そしてその秘められた事柄が特定の演出で露わになるとあらかじめ思っていたが、実際は違うような展開が起きて、実際のものとは誤った予測をしていたため、呆然とした状態になる。

オンブルというカードゲームにおいて抱く快は、試合に勝ったり、やり直しになったり、カードを出す前から負けるという三つの展開を予測しつつ思考停止状態にあることにあり、同様に劇場の上演作品においても、我々はこれから作品がどのような展開を見せるのか全然分からず、やはり思考停止状態にあることに快があるのだ。

そして我々の空想力がもたらす効果がこれであり、もし我々が同じ作品を繰り返し何回も何回も見ても、その作品が素晴らしいものであるならそれに対する我々の思考停止状態やあえて言わせていただくならば我々の無知さ加減もまだ無くならない。というのもその場合は、我々が実際に見聞きしていることに強い感動を抱いてしまうのであり、俳優が喋っているセリフが頭に入っていかないのである。そして俳優たちが次に起きる展開について言及していると思われるものについては、すでにもう見聞きしていてその記憶に基づいているだけの理由で、その展開を見てももはや何の感銘も受けないのである。

【注】

1 ésprit：一般に精神を意味する語であるが、「知的生活の原理」を意味する用法でこの単語が用いられていると訳者が判断した場合、訳文中では「エスプリ」とカタカナで表記する。

2 André Le Nôtre (1613-1700)：十七世紀フランスの造園家。テュイルリー宮殿やヴェルサイユ宮殿の庭園を担当した。

3 Lucius Annaeus Florus (?-?)：二世紀ローマの作家。リウィウスの『ローマ建国史』の抄録版の作者として知られ、ハドリアヌス帝の詩作仲間でもあるとされている。

4 Charles de Saint-Évremond (1613-1703)：十七世紀フランスの文芸評論家。戯曲も執筆しており、死後にイギリスで作品が出版された。

5 Paolo Veronese (1528-1588)：十六世紀ヴェネツィアの画家。『カナの婚礼』、『レヴィ家の饗宴』などの作品で知られている。

6 Lago Maggiore：イタリア北部にある湖で、スイスとの境界に位置する。

7 Isole Borromee：マッジョーレ湖西岸などに位置する島々。

8 Samnites：古代ローマ時代においてアペニン山脈南部のサムニウム（Samnium）に住んでいた民族のこと。ローマ人と敵対したが、戦争に敗れたため彼らと同化した。

9 Giulio Romano (1499?-1546)：ルネサンス中期の建築家、画家。ラファエロのもとで修行を始め、若いころからマントヴァの名家に招かれ、離宮の建築家となった。

エピロゴス

ソクラテス：快といっても種類は様々である。

マテーシス：はい。

ソ：しかし、次の二つに大別できるのではないかね。精神的な快と肉体的な快の二つに。

マ：はい、そうです。肉体的な快は性欲、食欲、睡眠欲をはじめとした快でして、精神的な快というのは何かを鑑賞したり、知的好奇心を満たしたりする時に得られる快ですね。

ソ：そうだ。そのうち精神的な快についてだが、君は具体的にどういう時に快を感じるかね。

マ：そうですね、単純に面白い小説作品を読んだ時とか、あるいはなるほどと思わせるような知識を得た時とかですかね。

ソ：なるほど。

マ：あるいはこういうこともあります。以前ギリシアを旅していて、その際山を登ったことがありまず。結構険しく、高いところまで登っていかないといけなかったのですが、頂上についた時はすごく気持ちよかったですね。それだけだと肉体的な快ですが、その頂上から眺める景色が壮麗でした。なにせ周りは雲に覆われていて、つまりそれほど高く登ったわけですが、その分ずっと遠くまで見晴らせました。それにそこから見られる都市や自然も美しかったですしね。そしてある方角を向くと実は山が噴火したのです。要するに火山だったわけで、山が噴火する現象自体はもちろん知ってはいましたが、それを実際にこの目で見たのは初めてです。結構距離があったはずなのですが、その山の轟き具合といいますか、その噴火ぶりがとてもすごくて、辺り一帯の風景と合わさって偉大さというものを感じさせました。

ソ：その偉大さ、というものにおいて「快」を感じたかね。

マ：そうですね。圧倒されるという具合でしたので「快」として言っていいかはわかりませんが、いい気分になったことは事実ですね。

ソ：ふむ。その偉大さ、というものだがそれは果たして本当に快と言えるのだろうか。
マ：と言いますと。
ソ：あ、いや、変なことを聞いたが、私が言いたいのは例えばその火山において、もし自分がその山の間近にいたとしたらそれを快だと感じるかどうかということだ。君が火山の噴火の偉大さに圧倒され快を感じたとするのも、それは遠く離れていたからこそだと思うのだ。逆にその山のすぐ近くで噴火に立ち合った場合、その噴火の勢いを肌で味わうことになる。また、山は大きく振動するわけだし、身体への危険もあるわけだから快を感じることはとてもできないと思うのだが、どうだろうか。
マ：確かにそうですね。つまり偉大さというのは遠くから見るからこそ「快」なのであって、近くで見るとむしろ「不快」である、と？
ソ：そうだと思うがね。他には雷などもそうだろう。あるいは偉大さといっていいかは知らないがライオンや虎もそうだ。それらを見て楽しむことができるのは彼らが動物園で檻の中に閉じ込められていたり、あるいは本か何かで見るときだ。もし目の前に野生のライオンや虎がいた場合、それを見て楽しむという人はいないだろう。何せ生命の危険に脅かされているからね。

マ：なるほど。

ソ：物事は正しい距離感と方角から見ることによりそれを楽しみ、さらにその真価を味わうことができるという言葉があるが、偉大さというものについても同様のことが言えるだろう。偉大さというのは量的にしろ質的にしろ規模が大きいものだ。例えば単純に量的だけの意味で規模が大きいもの、要するに大きな樹木とか砂漠とかどこまで広がってゆくものは、間近にいては完全に測定することができない。ある程度その対象物から距離をとってこそ初めてその全体像を見つめることができるわけだ。

マ：確かにそうですね。また火山の噴火という衝撃的で質の意味で偉大さがあるものも、やはりある程度距離をとった方がいいのでしょうね。近いとその衝撃で体が萎縮してしまいますからね。

ソ：そうだね。これは人間的なものも、精神的なものにおいても言えるのかもしれないね。例えば教師と生徒がいるとして、その教師が優れた存在と見出す場合、生徒にとってはどこか偉大な存在として映るだろう。だがその場合、どこか距離感があった方が適切だろう。友人のように距離が近いと人間関係がおかしくなる。ある程度相応の距離感をとり、精神的な意味で生徒は教師を遠くから眺めるようにする方がいいだろう。

マ：確かにそうですね。それと関連して、古典という作品も同様のことが言えるかもしれませんね。古典となっているものは何らかの偉大さを有している可能性が高いわけですから、ある程度距離感をとったほうがいいですね。といっても古典というのは後から振り返って古典になるわけであって、同時代の人はそれを古典だと見なさなかったわけですが。

ソ：古典の真価は大体研究や干渉が進み後世になればなるほどわかってくるものだろう。だとするならば、古典の偉大さの全体像を把握するための距離感というのは、時間的なもの、要は時代の経過にこそあるのかもね。

訳者紹介
高橋 昌久（たかはし・まさひさ）
哲学者。

カバーデザイン　川端 美幸（かわばた・みゆき）
e-mail: bacxh0827.miyukinp@gmail.com

快に関する試論

2023年6月18日　第1刷発行

著　者　シャルル・ド・モンテスキュー
訳　者　高橋昌久
発行人　大杉　剛
発行所　株式会社 風詠社
〒553-0001　大阪市福島区海老江5-2-2
大拓ビル5-7階
Tel 06（6136）8657　https://fueisha.com/
発売元　株式会社 星雲社
（共同出版社・流通責任出版社）
〒112-0005　東京都文京区水道1-3-30
Tel 03（3868）3275
印刷・製本　小野高速印刷株式会社

ISBN978-4-434-32137-5 C0098